The Official

GRETA THUNBERG "HOW DARE YOU"

Lined Notebook

Fossil Press

Printed in Great Britain
by Amazon

33837737R00059